AF322490

GEORGES DEBOMBOURG

SA VIE ET SES ÉCRITS

PAR

M. A. VACHEZ

Avocat, docteur en droit

Membre de la Société littéraire, historique et archéologique

de Lyon

LYON

IMPRIMERIE MOUGIN-RUSAND

3, rue Stella, 3

1879

Georges DEBOMBOURG

SA VIE ET SES ÉCRITS

PAR

M. A. VACHEZ

Avocat, docteur en droit

Membre de la Société littéraire, historique et archéologique

de Lyon

LYON

IMPRIMERIE MOUGIN-RUSAND

3, rue Stella, 3

1879

LYON. — IMPRIMERIE MOUGIN-RUSAND

Georges DEBOMBOURG

Sa vie et ses écrits

Par M. A. VACHEZ

L'année 1877 a vu mourir trois membres de la Société littéraire : MM. Valois et Pezzani, membres honoraires et Georges Debombourg, membre titulaire.

Depuis longtemps déjà, les deux premiers avaient cessé de prendre une part active aux travaux de la Compagnie. Mais Debombourg était l'un de ses membres les plus assidus et les plus laborieux. Peu de temps avant sa mort, il communiquait encore à la Société les premières pages d'une importante étude sur l'origine des noms de famille du Lyonnais et, le 7 avril 1877, il assistait aussi avec le président (1), et plusieurs de ses collègues (2), à cette séance solennelle de la Sorbonne, où la Société littéraire recevait l'un des trois prix décernés par la section d'histoire du Comité des travaux historiques. Rien chez lui ne pouvait donc faire prévoir une fin si prochaine, quand, six

____

(1) M. Flouest.
(2) MM. Mulsant, Guimet et Vachez.

jours après seulement, il mourait presque subitement, devant sa table de travail, où il mettait la dernière main à cette étude onomastique que sa mort laisse inachevée.

Debombourg était un travailleur, vivement épris des sujets auxquels il consacrait ses veilles et ses travaux, et c'était avec une ardeur que les années n'avaient pu refroidir, qu'il poursuivait son œuvre.

C'est là qu'est sa vie tout entière. C'est dans ses œuvres que nous retrouverons l'homme, plutôt que dans les événements plus ou moins agités de son existence.

Georges Debombourg est né à Lyon (1), le 15 août 1820, dans la maison portant le numéro 8 de la rue Thomassin. Mais c'est à Mornant (Rhône), qu'il passa les premières années de son enfance. Il n'avait que cinq ans, en effet, quand son père vint remplir l'emploi de directeur-économe dans le pensionnat de jeunes gens, que l'abbé Décrand dirigea pendant cinq années dans cette ville (2).

En 1830, l'abbé Décrand ayant dû rétrocéder son établissement à un sieur Cadas, son vendeur, Debombourg père quitta Mornant, pour aller établir, pour son propre compte, à Collonges, un pensionnat qui passa, quelques années plus tard, sous la direction de son fils.

(1) Au milieu du XVIIe siècle vivait à Lyon un Jean de Bombourg, qui publia en 1675 un opuscule intitulé : *Recherche curieuse sur la vie de Raphael Sanzio d'Urbin* etc., avec un petit *Recueil des plus beaux tableaux tant antiques que modernes, architectures, sculptures et figures qui se voient dans plusieurs églises, rues et places publiques de Lyon.* L'auteur de cet ouvrage, et le membre de la Société littéraire, dont nous écrivons la biographie, appartenaient-ils à la même famille ? Georges Debombourg, à qui nous le demandions un jour, ne repoussait point cette parenté et se bornait à dire qu'il l'ignorait. Mais le fait en lui-même n'a rien d'impossible, car le nom de Debombourg se rencontre assez peu fréquemment.

(2) Ce pensionnat était situé au faubourg du Lod, et les bâtiments en sont occupés actuellement par les religieuses de la Sainte-Famille.

C'est là que nous retrouvons Georges Debombourg, en 1848, époque où le Conseil municipal de Collonges le nomma maire de cette commune. Investi de fonctions publiques dans un moment difficile, il sut les remplir avec une intelligence et une sagesse dont ses anciens administrés n'ont point encore perdu le souvenir.

Mais des fonctions de cette nature, à une époque aussi agitée, en le détournant trop fréquemment de l'enseignement, ne pouvait contribuer à accroître la prospérité de son établissement. Il dut l'abandonner, à son grand regret, pour aller occuper une chaire de professeur au collége de Nantua.

C'est de ce moment que commence la vie littéraire de Georges Debombourg. Un hasard lui en fournit, en quelque sorte, l'occasion. Chargé, par l'administration préfectorale du département de l'Ain, du classement des archives communales de l'arrondissement de Nantua, il dut visiter les diverses localités de cet arrondissement et prendre connaissance de tous les documents conservés dans chaque mairie. Il sut mettre à profit sa mission pour extraire des archives, dont il dressait l'inventaire, tous les faits historiques intéressant chaque commune, aussi bien que l'histoire générale de la province du Bugey. Debombourg forma ainsi de ces extraits deux volumes, qui resteront au nombre de ces publications toujours utiles, qui ne vieillissent pas, car les matériaux qu'elles renferment ne se rencontrent nulle part ailleurs.

Le succès de cette première publication l'encouragea et semble lui avoir ouvert la voie qu'il devait suivre désormais, car, en même temps, nous le voyons préparer la publication d'une *Histoire de l'abbaye et de la ville de Nantua*, qu'il faisait paraître, deux années plus tard, à Bourg, alors que déjà il avait quitté Nantua pour se fixer à Trévoux, où il vint remplir l'emploi de vérificateur des poids et mesures.

Ces nouvelles fonctions lui laissaient plus de loisirs ; il les mit à profit en étudiant, dans les sources de toute nature, l'histoire du pays. Le *Journal de Trévoux*, qu'il fonda et qui existe encore, publia ainsi dans ses colonnes l'*Histoire du Franc-Lyonnais*, la meilleure que nous possédions sur cette petite province, qui nous touche de si près. Cette publication achevée, il commença aussitôt celle de l'*Histoire communale de la Dombes*, dont il n'a fait paraître que le premier volume.

Appelé quelque temps après à Lyon, au même emploi qu'il remplissait à Trévoux, son éloignement de cette dernière ville dut lui faire interrompre une publication faite, sans doute, avec des documents imparfaits et souvent de seconde main, mais qui avait au moins le mérite de vulgariser la connaissance de l'histoire de la province de Dombes parmi les habitants du pays, que trop d'érudition eût rebutés peut-être.

Pourtant, en venant à Lyon, il apportait avec lui des documents considérables qui lui permirent de publier, dans le courant des années 1859 et 1860, l'*Atlas historique du département de l'Ain*.

Cet ouvrage renferme plus d'une imperfection, et on a pu lui adresser des critiques fondées. Mais il ne faut pas oublier que, malgré son importance, cette publication était un essai, pour lequel l'auteur n'avait eu à suivre aucun modèle. Si, avant lui, on avait, sur une large échelle, représenté sur des cartes géographiques les divers changements subis par les divisions du territoire de la France entière, on n'avait point encore tenté de représenter avec des détails, exigeant de profondes recherches, les divisions administratives, judiciaires ou ecclésiastiques d'un seul département.

Cet essai, malgré quelques erreurs, était donc un début heureux, puisqu'il montrait aux historiens de nos provinces une voie inexplorée jusqu'alors (1), et qu'il préludait ainsi à la publication, mieux conçue et plus complète, de l'*Atlas historique du département du Rhône*, qu'il fit paraître en 1862.

Quand ce dernier livre parut, nous en rendîmes compte dans la *Revue du Lyonnais*, et nous signalâmes au public l'importance et l'intérêt de cette publication nouvelle qui, sous une forme brève, mais saisissante, met si bien en relief les principaux faits de notre histoire locale, ainsi que le tableau des transformations subies par les divisions féodales, administratives et religieuses de notre département.

Debombourg appartenait déjà, depuis 1859, au Comité d'histoire et d'archéologie, fondé par l'Académie de Lyon, quand il demanda à faire partie de la Société littéraire, où il fut admis dans la séance du 12 juillet 1865.

Depuis cette époque, notre collègue n'a fait paraître aucun travail de longue haleine. Mais jusque dans les articles insérés dans les journaux quotidiens, tantôt sous le pseudonyme d'*Historicus*, tantôt sous celui de *Munatius Plancus*, les questions qu'il traitait appartenaient aux temps anciens de notre histoire. Il entretenait aussi une correspondance suivie avec plusieurs écrivains bien connus, parmi lesquels il nous suffira de citer l'illustre historien, M. Guizot, et

---

(1) En nous montrant, sur des cartes géographiques, les changements subis par les fiefs qui se partageaient, au moyen-âge, le territoire du département de l'Ain, Debombourg semble s'être inspiré de l'idée émise par M. Guizot dans son *Histoire de la civilisation en Europe* (8ᵉ leçon) : « J'ai souvent regretté qu'il n'y eût pas une carte de la France divisée « en fiefs, comme nous avons une carte de la France divisée en dépar- « tements, arrondissements, cantons et communes, une carte où tous « les fiefs fussent marqués, ainsi que leur circonscription, leurs rapports « et leurs changements successifs. » — Ce que M. Guizot désirait voir exécuter pour la France entière, Debombourg l'a réalisé pour les deux départements de l'Ain et du Rhône.

M. Bulliot, président de la Société Eduenne. Deux de ses travaux ont été publiés dans les Mémoires de la Société littéraire. Le premier, inséré dans le volume de 1866, renferme une étude sur les Allobroges. Dans ce travail, Debombourg avait pour but de rectifier quelques erreurs sur la délimitation du territoire attribué à cet ancien peuple gaulois, par l'atlas de l'*Histoire de Jules César*, publiée par l'empereur Napoléon III. Mais l'auteur ne crut pas devoir se restreindre à cette seule question. Il ne crut son sujet épuisé que lorsque, après avoir exposé les variantes onomastiques et étymologiques du nom des Allobroges, il eut étudié la situation de ce peuple aux diverses époques, et retracé un tableau rapide de son histoire.

Le second travail de Debombourg, publié dans le volume des Mémoires de la Société littéraire de 1868, est consacré à l'étude des anciennes alluvions aurifères de la France et porte le titre de *Gallia aurifera*. Il renferme de curieux renseignements sur les richesses aurifères de l'ancienne Gaule.

A l'exception de cette dernière publication, qui s'étend au territoire entier de la France, Debombourg ne s'écartait guère, dans ses travaux et ses recherches, des limites de nos provinces. Aux époques les plus reculées, nous l'avons vu ainsi étudier l'antique *Arar*, et réunir, dans une monographie, tous les souvenirs mythologiques ou historiques qui s'attachent aux bords de la Saône. Plus tard, il dirigeait son attention vers les premiers temps de l'histoire des Ambarres. Dans un cercle plus restreint encore, il retraçait l'histoire et la statistique de Collonges, l'humble commune où il avait vécu de longues années et dont il avait administré les affaires municipales. L'étude des noms de lieux tenait aussi une large place dans ses travaux ; il avait ainsi dressé la liste complète de tous les noms topiques du département du Rhône, dont il avait eu un moment le projet de publier le dictionnaire topographique qui nous manque encore.

Mais, en étudiant les noms de lieux dans les Cartulaires et les anciens terriers, il avait aussi reconnu tout l'intérêt que pouvait présenter l'étude de l'origine et des transformations successives des noms, portés par les habitants de nos pays aux diverses époques de notre histoire. Il avait ainsi entrepris, sous le titre d'*Origines des noms de famille du Lyonnais*, un travail plein d'intérêt et composé à l'aide de documents absolument inédits. C'est le dernier auquel il ait mis la main ; l'auteur n'a pu terminer son œuvre et faire profiter le public du fruit de ses longues et pénibles recherches, qui nous fournissent de si curieux renseignements sur les noms de nos anciennes familles. Il venait de corriger les épreuves du troisième chapitre de cette étude, qu'il publiait dans la *Revue du Lyonnais*, lorsque, quelques heures plus tard, il était frappé d'une mort presque subite, à onze heures du matin, le 13 avril 1877.

Il mourait ainsi, à 56 ans, encore plein de jours, si l'on ne considère que son âge. Mais si rien, en apparence, ne faisait prévoir sa fin prochaine, tous ceux qui le voyaient dans l'intimité n'ignoraient point qu'il souffrait d'une maladie de cœur, et que sa santé avait été cruellement ébranlée à la suite de la mort de Mme Debombourg, décédée, elle aussi, jeune encore, au mois de janvier 1871. Ni l'affection de ses deux filles, ni ses études de chaque jour n'avaient pu lui faire oublier la perte qu'il avait éprouvée. Ajoutons que Debombourg était usé par les veilles et un travail trop soutenu, et que les fatigues excessives auxquelles il s'était livré dans les derniers temps, en dépouillant tous les anciens terriers des archives diocésaines, pour son travail sur les origines des noms de famille, avaient, pour une grande part, hâté le dénoûment douloureux qui venait surprendre sa famille comme ceux de ses amis qui, la veille encore, assistaient avec lui à la réunion des Sociétés savantes à la Sorbonne. Sa mort fut si prompte, si imprévue, que ce fut à peine si quelques-uns de nos collègues purent être prévenus assez tôt pour représenter la Société littéraire à ses funérailles.

Telle est la vie de Debombourg. Cette vie, nous avons eu raison de le dire, se renferme surtout dans ses œuvres et ses travaux ; c'est celle de l'érudit, du chercheur persévérant, qui s'attache avec une sorte de passion à toutes les questions intéressantes que présente notre histoire. Appelé par ses fonctions à visiter toutes les communes de l'arrondissement de Lyon, Debombourg était un de ceux qui connaissaient le mieux notre département, et c'est à ce titre qu'il fut nommé membre de la Commission de la carte du département du Rhône. Dans ses visites fréquentes à nos archives et à nos Bibliothèques publiques, il avait recueilli une quantité prodigieuse de notes, devenues malheureusement inutiles aujourd'hui, car personne autre que l'auteur ne saurait les mettre à profit. Il avait réuni ainsi presque tous les éléments des *Atlas historiques des départements de la Loire et de l'Isère*, destinés à demeurer inédits, de même que le complément de sa dernière étude sur les noms de famille du Lyonnais, et bien d'autres travaux dont le sujet et le titre nous sont inconnus (1).

Enfin, après avoir rappelé que Debombourg était mem-

---

(1) A ses heures, Debombourg se livrait aussi parfois à des délassements tout littéraires. C'est ainsi que nous trouvons de lui, dans les *Promenades au hasard à travers tout un siècle* (1778-1878), dont M. Alexis Rousset prépare, en ce moment, la publication, une chanson intitulée : *Mes Rêves*, et dont chaque couplet se termine par ce refrain :

> Hélas ! pourquoi, lorsque je veille,
> Suis-je moins heureux qu'en dormant ?

bre correspondant de la Société Éduenne et de la Société
d'émulation de l'Ain, il ne nous reste plus, pour faire con-
naître l'œuvre de notre collègue, qu'à donner la longue
nomenclature des travaux qu'il a publiés ailleurs que dans
des journaux quotidiens.

En voici la liste complète :

1° *Analyse historique des archives communales du Bugey*,
publiée sous les auspices de M. le comte de Coëtlogon,
préfet du département de l'Ain. — Nantua, 1855 et 1856.
2 vol. in-8°.

Ces deux volumes, devenus fort rares aujourd'hui, renferment, comme je l'ai dit déjà dans la biographie qui pré-
cède, un extrait de tous les faits historiques rappelés dans
les archives des diverses communes de l'arrondissement de
Nantua. Ce Recueil de documents sera consulté utilement
par tous ceux qui auront à écrire sur l'histoire de l'ancienne
province du Bugey.

2° *Histoire du Franc-Lyonnais*. — Trévoux, 1857, in-8°.

Cet ouvrage, dont les éléments sont empruntés à divers
documents inédits, inconnus de ceux qui, avant Debombourg, ont écrit sur le Franc-Lyonnais, est l'histoire la plus
étendue et la plus complète qui ait été publiée, jusqu'à ce
jour, sur cette petite province.

3° *Histoire communale de la Dombes*. — Trévoux 1857,
in-8°.

Ce livre renferme un Recueil de notices historiques sur
plusieurs communes de la Dombes, qui furent publiées d'a-
bord, comme l'ouvrage précédent, dans le *Journal de Trévoux*. Mais le premier volume seul a paru, et l'auteur n'a
jamais essayé de reprendre cette publication interrompue
par son départ de cette ville.

4° *Histoire de l'abbaye et de la ville de Nantua.* — Bourg, 1858, in-8°.

Ce livre renferme une étude consciencieuse sur l'antique abbaye de Nantua, dont le premier abbé connu vivait à la fin du VIIe siècle. L'ouvrage est divisé en quatre parties principales. La première traite de l'abbaye et de ses divers abbés; la seconde est consacrée à l'histoire du monastère, à compter du jour où il fut transformé en simple prieuré soumis à l'ordre de Cluny; la troisième partie est plus spécialement consacrée à l'histoire civile de Nantua; enfin, un quatrième et dernier chapitre renferme une étude sur l'organisation des offices du monastère, avec plusieurs pièces justificatives d'un intérêt incontestable.

M. Valentin Smith a publié, sous le titre de : *Considérations sur l'histoire de la ville et de l'abbaye de Nantua*, un compte-rendu très-intéressant et plein d'érudition de cet ouvrage, dont il forme le complément indispensable. — (V. *Revue du Lyonnais*, 2e série, t. XVIII, p. 365.)

5° LA GUERRE D'ITALIE. *Magenta*, *Palestro*, *Marignan*, 1re partie. — Lyon, 1859, in-8°.

Cette esquisse historique de la guerre de 1859, empruntée aux rapports officiels et aux correspondances des journaux, n'a été conduite par l'auteur que jusqu'au 8 juin 1859.

6° *Atlas historique du département de l'Ain*. — Lyon, Perrin, 1859 et 1860, in-folio oblong.

Cet atlas renferme 28 cartes, accompagnées de notices, où nous voyons exposés successivement les changements des circonscriptions territoriales du département de l'Ain, depuis le temps des Gaulois jusqu'à nos jours. L'étude des divisions du territoire, au temps de la féodalité, offre surtout un intérêt particulier et sert à éclairer plus d'un point obscur de l'histoire de la Bresse, sous la domination des sires de Thoire et de Villars, des sires de Bangé et de Coligny, des comtes de Savoie et des seigneurs de la Tour-du-Pin, qui se partageaient les diverses contrées qui ont formé le département actuel de l'Ain.

7° *Atlas chronologique des modifications des Etats de l'Eglise depuis le VIII* siècle jusqu'à nos jours.* — Lyon, Scheuring, 1862. Cartes et texte, in-4°.

8° *Atlas historique du département actuel du Rhône, publié sous l'administration de M. le sénateur Vaïsse.* — Lyon, Perrin, 1862, in-plano.

Les 41 planches de cet atlas nous montrent les divers changements subis depuis l'époque historique la plus reculée, jusqu'à nos jours, par les divisions féodales, administratives, judiciaires et ecclésiastiques du territoire du département du Rhône. Chacune d'elles est accompagnée d'un tableau chronologique et d'un résumé très-précis sur l'histoire et les institutions de chaque siècle. Enfin, à ces deux premières parties, qui se complètent et s'éclairent l'une par l'autre, s'ajoute une liste curieuse de tous les fiefs existant sur notre sol avant 1789 et de leurs divers possesseurs, dont les noms ont pu être retrouvés par l'auteur. Cet Atlas est venu préparer la publication, encore attendue, de l'histoire du Lyonnais. En effet, en signalant les principaux faits d'une importance réelle, en indiquant les différentes transformations subies par notre territoire à toutes les époques, mais principalement à l'époque de la féodalité ; en établissant, bien que d'une manière sommaire, la filiation des possesseurs des anciens fiefs de la province, en nous donnant, surtout sur l'enchaînement des faits et des institutions, des aperçus lumineux et féconds, l'auteur a posé les bases et les divisions de cette histoire. — (V. le compte-rendu dans la *Revue du Lyonnais*, 2ᵉ série, t. XXVI, p. 317.)

— Les travaux suivants ont tous été publiés dans la *Revue du Lyonnais*, et tirés à part, à l'exception de ceux inscrits sous les numéros 13, 14, 16 et 19 :

9° *Coups de plumes et coups de pioches à propos d'Alise* (*Revue du Lyonnais*, 2ᵉ série, t. XXXI, 1865).—Résumé, sous une forme originale et piquante, de la question, si vivement débattue alors, de l'emplacement d'*Alesia*. L'auteur analyse successivement les travaux de MM. Delacroix, Quicherat, H. Bordier, Desjardins et Castan, en faveur d'Alaise (Doubs), et ceux de MM. Rossignol, Cucherat, le commandant Coynart, le duc d'Aumale et le baron Stoffel en faveur d'Alise-Sainte-Reine (Côte-d'Or).

10° *Arar.* — (*Revue du Lyonnais*, 3ᵉ série, t. 1ᵉʳ, 1866). — Dans ce travail, l'auteur traite de l'origine géologique de l'Arar, de la mythologie historique de ce fleuve, et des variantes onomastiques et étymologiques de son nom. Il rappelle les peuples gaulois : Éduens, Séquanes et Ambarres, qui habitaient ses bords, et enfin les faits historiques et les souvenirs archéologiques qui se rattachent à l'antique Arar.

11° Les *Ambarres* (*Revue du Lyonnais*), 3ᵉ série, t. 1, 1866). — Les Ambarres occupaient le pays de la Bresse. L'auteur, dans son travail, traite de la situation géographique de ce peuple et fixe les limites de leur territoire. Il le termine par un rapide résumé de l'histoire des Amrha d'Italie et des Ambarres de la Gaule.

12° *Allobroges* (*Revue du Lyonnais*, 3ᵉ série, t. I et II, 1866, et *Mémoires de la Société littéraire de Lyon*, année 1866.)

Cette étude, qui est accompagnée d'une carte, fut déterminée par la publication de l'*Histoire de Jules César*, dont l'atlas fixe des limites inexactes au territoire occupé par les Allobroges.

Cette rectification fournit à Debombourg l'occasion de traiter successivement des variantes onomastiques et étymologiques du nom des Allobroges, et de la situation de ce peuple au temps d'Annibal et de César. C'est après ces préliminaires que l'auteur étudie les limites de l'Allobrogie, d'après l'atlas de l'*Histoire de Jules César*, et démontre quelle était la véritable situation des Nantuates, des Allobroges *trans Rhodanum*, des Ambarres, des Allobroges à l'ouest du Rhône, et des Graïocèles. Ce travail se termine enfin par un tableau rapide de l'histoire des Allobroges, jusqu'au jour de la réunion de leur pays à l'empire romain.

13° *Lettre à M. Guillaume Bonnet au sujet des armoiries de la ville de Lyon* (*Revue du Lyonnais*, 3° série, t. II, 1866). — Tableau sommaire des divers blasons de la ville de Lyon et de la variété des modèles adoptés par nos artistes sur les monuments de notre ville.

14° *Toujours les armoiries de Lyon.* Réponse de M. Debombourg à M. Louis Réal (*Revue du Lyonnais*, 3° série, t. III, 1867.)

15° Les *Allobroges d'outre-Rhône et l'évêché de Belley* (*Revue du Lyonnais*, 3° série, t. IV, 1867).

L'auteur s'efforce de fixer, dans ce travail, la véritable situation des Allobroges *trans Rhodanum*, qu'il place, en s'autorisant des anciennes divisions ecclésiastiques, dans le bassin du Furan, au nord de Cordon, entre les chaînons de Parves et d'Inimont et le mont Saint-Sulpice.

16° *Lettre à propos de la crosse de Monseigneur Callot* (*Revue du Lyonnais*, 3° série, t. IV, 1867.)

17° *Gallia aurifera. Études sur les alluvions aurifères de la*

France (*Revue du Lyonnais*, 3ᵉ série, t. VI, 1868, et *Mémoires de la Société littéraire de Lyon*, année 1868).

L'auteur expose successivement dans ce mémoire quelles étaient les richesses aurifères de l'ancienne Gaule, les rivières aurifères : le Rhin, le Rhône, la Cèze, l'Ariége et les anciennes mines d'or de la France, les procédés employés pour les découvrir, et enfin l'industrie des orpailleurs qui se livraient au lavage de l'or et à son exploitation.

18° *Collonges au Mont-d'Or*. Etude topographique, étymologique et historique, avec une carte (*Revue du Lyonnais*, 3ᵉ série, t. XVI et XVII, 1873 et 1874.)

Dans ce travail, l'auteur étudie chaque localité, chaque hameau, chaque territoire de Collonges. Il le termine par une nomenclature des noms des anciennes familles de cette commune, antérieures à la fin du XVIᵉ siècle.

19° *Origines des noms de famille du Lyonnais*, XIIIᵉ et XIVᵉ siècles (*Revue du Lyonnais*, 4ᵉ série, t. III, 1877.) Cette étude, interrompue par la mort de l'auteur, et dont il avait puisé les éléments dans nos Cartulaires et nos anciens terriers, présente de curieux aperçus sur l'origine des noms de familles de nos contrées et sur les transformations que le cours des âges leur a fait subir.

Enfin, Debombourg a fait paraître encore, sans date, à Trévoux, les deux ouvrages suivants :

1° *Pensées sur la femme, extraites de nos meilleurs auteurs et moralistes.*

2° *Ars et son pasteur*, livre populaire publié sous le pseudonyme de Michel Givre.

Lyon. — Imp. Mougin-Rusand, rue Stella, 3.